ALPHABET
FRANÇAIS,
DIVISÉ PAR SYLLABES,
POUR L'INSTRUCTION

DES JEUNES ENFANS.

PARIS,
DELARUE, LIBRAIRE,
RUE DES GRANDS-AUGUSTINS, N° 3.

ALPHABET
FRANÇAIS,
DIVISÉ PAR SYLLABES,
POUR L'INSTRUCTION
DES JEUNES ENFANTS.

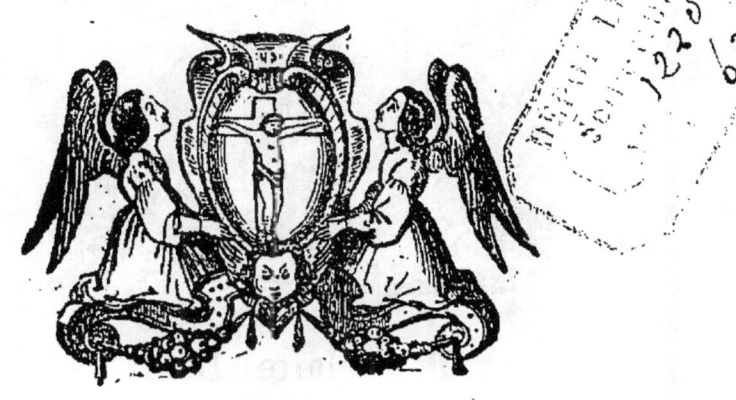

PARIS,
DELARUE, LIBRAIRE,
RUE DES GRANDS-AUGUSTINS, 5.

Pour plaire à Dieu,
un enfant doit obéir à ses parents,
et bien apprendre à lire.

— 3 —

ABC
DEFG
HIJK
LMN

1863

— 4 —

OPQR
STUV
X Y Z
ÆŒ.

— 5 —

a b c d e f g h
i j k l m n o p
q r s t u v x y z
w ç é à è â ê î ô û

0 1 2 3 4 5 6 7 8 9

*a b c d e f g h i j k l m n o
p q r s t u v x y z w ç œ œ*

ba	be	bi	bo	bu
ca	ce	ci	co	cu
da	de	di	do	du
fa	fe	fi	fo	fu
ga	ge	gi	go	gu
ha	he	hi	ho	hu
ja	je	ji	jo	ju
ka	ke	ki	ko	ku
la	le	li	lo	lu

ma	me	mi	mo	mu
na	ne	ni	no	nu
pa	pe	pi	po	pu
ra	re	ri	ro	ru
sa	se	si	so	su
ta	te	ti	to	tu
va	ve	vi	vo	vu
xa	xe	xi	xo	xu
za	ze	zi	zo	zu

Ho no re tes pa rents, et ai me ton pro chain com me toi-mê me, c'est la vo lon té de Dieu.

Si tu pos sè des des ri- ches ses, par ta ge-les a vec les mal heu reux, et que l'indi gen ce re çoi ve u ne part de ce que Dieu t'a don né.

Ne ra vis rien à per son ne; tout ra vis seur est l'ob jet de l'e xé cra ti on pu bli que.

Com pa tis aux maux de tes sem bla bles. Ne sois point é blou i par l'é clat des ri-

ches ses et des di gni tés;
l'ex cès de ces biens pas sa-
gers est fu nes te aux mor tels.

Ne te lais se pas ac ca bler
par le mal heur. Que les
é vé ne ments heu reux ne
soient point pour toi l'ob jet
d'une joie im mo dé rée.

O-rai-son Do-mi-ni-ca-le

No tre Père qui ê tes aux ci eux, que vo tre nom soit sanc ti fié, que vo tre rè gne ar ri ve, que vo tre vo lon té soit fai te, en la ter re com me au ci el. Don nez-nous au jour d'hui no tre pain quo ti di en, et par don nez-nous nos of fen ses, com me nous par don nons à ceux qui nous ont of fen sés, et ne nous a ban don nez point à la ten ta ti on, mais dé li vrez-nous du mal. Ain si, soit-il.

La Salutation Angélique.

Je vous salue Marie, pleine de grace, le Seigneur est avec vous; vous êtes bénie entre toutes les femmes, et Jésus, le fruit de vos entrailles, est béni.

Sainte Marie, mère de Dieu, priez pour nous, pauvres pécheurs. maintenant et à l'heure de notre mort. Ainsi soit-il.

Le Symbole des Apôtres.

Je crois en Dieu le Père Tout-Puissant, créateur du ciel et de la terre, et en Jésus-Christ son Fils unique, notre Seigneur, qui a été conçu du Saint-Esprit, est né de la Vierge Marie, qui a souffert sous Ponce Pilate, a été crucifié; est mort et a été enseveli; est descendu aux enfers; le troisième jour est ressuscité d'entre les morts; est monté aux cieux ; est assis à la droite de Dieu le Père Tout-Puissant, d'où il viendra juger les vivants et les morts.

Je crois au Saint-Esprit, à la Sainte Eglise catholique, la communion des Saints, la rémission des péchés, la résurrection de la chair, et la vie éternelle. Ainsi soit-il.

La confession des péchés.

JE me confesse à Dieu Tout-Puissant, à la bienheureuse Marie, toujours Vierge, à saint Michel Archange, à saint Jean-Baptiste, aux Apôtres saint Pierre et saint Paul, et à tous les Saints, parce que j'ai beaucoup péché par pensées, par paroles et par actions. J'ai péché par ma faute, par ma faute, par ma très-grande faute. C'est pourquoi je supplie la bienheureuse Marie, toujours Vierge, saint Jean-Baptiste, les Apôtres saint Pierre et saint Paul, et tous les Saints, de prier pour moi le Seigneur, notre Dieu. Ainsi soit-il.

Les Commandements de Dieu.

1. Un seul Dieu tu adoreras
   Et aimeras parfaitement.
2. Dieu en vain tu ne jureras
   Ni autre chose pareillement.
3. Les Dimanches tu garderas
   En servant Dieu dévotement.
4. Tes père et mère honoreras
   Afin que tu vives longuement.
5. Homicide point ne seras
   De fait ni volontairement.
6. Luxurieux point ne seras
   De corps ni de consentement.
7. Le bien d'autrui tu ne prendras
   Ni retiendras à ton escient.
8. Faux témoignage ne diras
   Ni mentiras aucunement.

9 L'œuvre de chair ne désireras
  Qu'en mariage seulement.
10 Biens d'autrui ne convoiteras
  Pour les avoir injustement.

Les Commandements de l'Eglise.

1 Les fêtes tu sanctifieras
  Qui te sont de commandement.
2 Les Dimanches messe ouïras,
  Et les fêtes pareillement.
3 Tous tes péchés confesseras
  A tout le moins une fois l'an.
4 Ton Créateur tu recevras.
  Au moins à Pâques humblement.
5 Quatre-temps, Vigiles jeûneras,
  Et le Carême entièrement.
6 Vendredi chair ne mangeras,
  Ni : samedi mêmement.

www.ingramcontent.com/pod-product-compliance
Lightning Source LLC
Chambersburg PA
CBHW071420060426
42450CB00009BA/1956